I0075324

PLAIDOYER

POUR

LE PRÉCURSEUR,

PRONONCÉ

Par Mᵉ VALOIS, Avocat,

EN L'AUDIENCE DU TRIBUNAL DE POLICE CORRECTIONNELLE DE LYON,
DU 28 JUILLET 1829.

LYON,

IMPRIMERIE DE BRUNET, GRANDE RUE MERCIÈRE, Nº 44.

1829.

PLAIDOYER

POUR

LE PRÉCURSEUR,

PRONONCÉ

Par Me VALOIS, Avocat,

EN L'AUDIENCE DU TRIBUNAL DE POLICE CORRECTIONNELLE DE LYON,
DU 28 JUILLET 1829.

----◦----

Messieurs,

La liberté de la presse, comme toutes nos libertés, comme toutes nos institutions, comme tous les systèmes et comme tous les hommes, a eu son enfance avec les écarts et les erreurs dont elle devait être accompagnée, enfance péniblement agitée par des surveillans toujours irrités et des lois sans cesse armées de rigueur. On voulait que la presse périodique fût dès le principe ce qu'elle est aujourd'hui et ce qu'elle sera plus tard ; c'était lui demander à son berceau toute la prudence de l'âge mûr, et la torturer pour lui donner l'expérience. Que dis-je, Messieurs ? on ne la voulait ni telle qu'elle est aujourd'hui, ni telle qu'elle sera plus tard ; chacun demandait la liberté pour soi en la refusant aux autres ; et celui qui voulait avoir le droit de blâmer publiquement les actions d'autrui, réclamait des châtimens pour le téméraire qui avait osé porter un œil sacrilège sur les actes de sa vie publique. C'est ainsi que les lois se succédaient de session en session législative pour satisfaire toutes les susceptibilités au mépris des droits politiques des citoyens ; et c'est ainsi que la presse est aujourd'hui gouvernée par neuf lois en partie conservées, en partie abrogées, dont les dispositions éparses, sans liaison entre elles, sans principes fixes et trop souvent conçues dans des tems de colère, forment le code de la publicité et n'offrent d'autres garanties à l'Etat et aux écrivains qu'une effrayante confusion et un déplorable arbitraire.

Nous jouissons pourtant de la liberté de la presse, je dois en convenir : mais nous en jouissons par les mœurs que nous nous sommes formées et qui s'affermissent chaque jour. On a vu cette grande irritation, cette licence dont on avait si souvent exagéré les dangers, tomber peu à peu devant le bon sens et la raison publics, tandis que les amendes et les cachots n'avaient servi qu'à les exalter davantage. Comparez les diverses époques, et dites s'il n'est pas vrai que le langage des journaux a plus de sagesse et de mesure depuis que la liberté a été mieux comprise.

Mais aussi, Messieurs, il semblait que le pouvoir avait mieux compris à son tour les droits de la pensée et de l'intelligence, et que, d'accord avec la Charte, il laissait à toutes les opinions, à toutes les croyances qui ne tendaient pas à renverser violemment l'ordre des choses établi, la faculté de se produire et de nous diriger par des améliorations successives jusqu'au degré le plus élevé de la civilisation. Pourquoi faut-il aujourd'hui qu'il revienne à son ancien système et qu'il traduise à la barre des tribunaux des doctrines qui ne peuvent reconnaître d'autres juges que la raison humaine et l'expérience des tems ! Pourquoi faut-il qu'il s'efforce encore de faire expier dans les cachots, à des écrivains généreux, le tort d'avoir parlé un langage qu'il ne comprenait point encore, celui d'une bienveillante philosophie !

Hélas ! Messieurs, le pouvoir aussi a ses crises et ses maladies, et les suites en retombent sur les journaux. De tems en tems on voit s'élever contre eux une sorte de tourmente, comme un orage s'élève au milieu d'un beau jour. Un ordre part de la capitale, une circulaire ministérielle est lancée ; c'en est assez : à l'aide du système des interprétations on a bientôt découvert un délit; il n'est pas difficile, dans le vague, l'obscurité et la confusion de la loi, de trouver la disposition pénale; et sur tous les points de la France, les bancs des tribunaux correctionnels se couvrent de journalistes et d'écrivains. Sept journaux ont été traduits presqu'au même instant devant les tribunaux de Paris ; le même exemple était donné dans d'autres villes : le garde-des-sceaux se plaignait de la presse périodique, *le Précurseur* pouvait-il rester calme au milieu de la tempête ? Non, Messieurs ; il a pris trop à cœur les intérêts de la cause constitutionnelle, il a trop souvent demandé l'exécution franche et égale des lois, il a trop souvent combattu l'arbitraire et frondé les préjugés ; c'est lui qui devait obtenir les honneurs de la poursuite : M. Morin comparaît aujourd'hui devant vous.

L'accusation qui pèse sur lui est grave : son crime est d'avoir provoqué à la désobéissance aux lois. Provoquer à la désobéissance aux lois ! ce mot doit suffire. Sans doute, M. Morin s'est révolté contre les institutions qui assurent la tranquillité et le bonheur de la France. Sans doute, à l'imitation d'un petit nombre de prétendus royalistes, il a rêvé des coups d'Etat et un gouvernement par ordonnances ! Peut-être a-t-il voulu souiller les collèges électoraux, en introduisant violemment de faux électeurs ou en provoquant à la falsification des listes. Peut-être a-t-il excité les directeurs des petits séminaires à opposer toute leur résistance à l'exécution des ordonnances du mois de juin. Non, Messieurs; il n'aurait pas même été censuré pour de si légères *pécadilles*. Mais il a pris la défense de quatre paysans chargés de famille, accablés de misère, et que la faim, mauvaise couseillère, avait portés à contrefaire quelques pièces de monnaie mal imitées et de la plus faible valeur, et il a entrepris de les soustraire, par la seule puissance du raisonnement, à l'échafaud, dont une loi cruelle les menaçait. Un honorable député avait, peu de jours auparavant, fait entendre à la tribune nationale des paroles éloquentes contre la peine de mort appliquée au crime de fausse-monnaie, et sa voix avait trouvé de l'écho dans toute la France. L'occasion se présentait favorable à M. Morin, pour manifester une opinion qu'il partage aujourd'hui avec tout ce que le pays compte d'hommes éclairés et d'amis de l'humanité. Il a écrit que la loi qui peut faire tomber quatre têtes pour l'émission de quelques pièces de monnaie, est une loi barbare, et il a cherché à éclairer la conscience des jurés. Il a osé leur dire qu'ils ne sont pas d'aveugles instrumens de servilité et d'obéissance passive, des juges automates dont le travail mécanique n'est employé que pour assurer à la loi l'exécution de ses vengeances; enfin, Messieurs, élevant leurs fonctions à la haute dignité qu'elles tiennent de leur institution, il leur a dit : Vous êtes les représentans de la société, chargés de ses plus chers intérêts ; vous devez peser à la balance de votre justice, le châtiment avec le crime, et s'il arrivait qu'il n'existât pas un juste rapport entre eux, prononcez un *verdict* d'acquittement. L'absolution d'un coupable est moins funeste que l'exemple d'un meurtre juridique: vous agirez en hommes probes et libres, et vous ferez comprendre au législateur que sa volonté n'est plus en harmonie avec les mœurs du pays ; mission vertueuse et sacrée, qui honore l'institution dont vous faites partie et la rend de plus en plus utile à la société.

L'écrit de M. Morin fut publié le 29 juin ; le lendemain, les quatre accusés, corrigés par la détention qu'ils avaient subie et le souvenir du danger qu'ils avaient couru, purifiés par le repentir, rentraient absous dans le sein de leur famille et recevaient les caresses empressées de leurs nombreux parens. M. Morin ne sait pas si son discours avait retenti dans le cœur de MM. les jurés, et s'il peut se flatter d'avoir contribué à cet acte d'indulgence et de justice ; mais en faisant un retour sur lui-même, il sent dans sa conscience s'élever le sentiment d'une satisfaction bien douce et d'un généreux orgueil pour avoir employé ses talens et son courage à la défense des véritables intérêts de la société, bien plus importans et plus sacrés que ceux d'une mauvaise loi, et à défendre une malheureuse famille au pied de l'échafaud.

Cet écrit, dont quelques passages s'écartaient peut-être de la règle sévère et délicate des convenances, était pur de toute provocation et de tout délit. En d'autre tems, il aurait passé inaperçu, ou plutôt il n'eût été traduit qu'au tribunal du public ; dont l'opinion, soit qu'elle approuve, soit qu'elle blâme, n'est jamais stérile pour les journaux ; mais alors la circulaire de M. Bourdeau commençait à porter ses fruits ; l'action de M. Morin fut examinée à travers le prisme d'un zèle trop ardent ; elle fut réputée criminelle ; et aujourd'hui on vient reprocher au prévenu d'avoir outragé la loi qui applique la peine de mort au crime de fausse monnaie, en la déclarant barbare ; d'avoir proclamé comme une vérité absolue la doctrine de l'omnipotence du juri, et d'avoir conseillé aux jurés de préférer leur conscience à la loi et d'absoudre malgré la loi, dans le cas où leur conviction serait que les accusés n'avaient pas mérité la mort. Tous ces faits, suivant l'accusation, constituent une provocation à la désobéissance aux lois ; et pourtant cette provocation n'était à proprement parler qu'une discussion raisonnée sur une haute question de droit public ; et elle s'adressait à des hommes qui ne peuvent pas commettre le délit de désobéissance aux lois, parce que la loi les a placés au-dessus d'elle-même et qu'ils ne sont pas obligés d'obéir. Cet écrit, vous l'avez entendu et vous n'avez pas éprouvé cette indignation dont l'ame se sent agitée à la vue d'une action immorale ou criminelle ; peut-être même avez-vous applaudi à la pensée généreuse de l'auteur. Ne repoussez pas cette première impression ; elle ne peut vous tromper. Un délit de la presse n'a pas besoin de démonstration ; s'il existe, le sens intime doit nous l'apprendre ; il doit se montrer à tous les regards et frapper tous les esprits. Recourir à la voie de l'interprétation, c'est trop souvent créer le délit, comme souvent aussi l'interprétation et les commentaires affaiblissent la défense.

Toutefois, Messieurs, dans une cause où les doctrines se confondent avec les faits, puisque l'accusation reproche à M. Morin d'avoir abusé de son droit et excédé les justes limites de la liberté des opinions, en discutant la moralité d'une loi qui existe encore, et en indiquant les moyens d'y faire opérer une prompte réforme, il nous importe de rechercher avant toutes choses quels sont les droits de l'écrivain, quelle liberté lui est acquise. Lisons la Charte, article 8 : « Les Français ont le

» droit de publier et de faire imprimer leurs opinions, en se
» conformant aux lois qui doivent réprimer les abus de cette
» liberté. » Vous l'avez entendu, Messieurs : *les Français ont
le droit de publier leurs opinions* sur toutes choses, sur tous
les sujets, sur toutes les doctrines, sur toutes les croyances ;
je cherche en vain les exceptions, je n'en trouve aucune ni
dans la Charte, ni dans les lois organiques qui devaient donner la vie à ses dispositions, et qui trop souvent les ont éner-
vées ou rendues inutiles.

Et comment, Messieurs, eût-on excepté de cette prescrip-
tion générale, de ce droit d'examen absolu et sans autre limite
que l'abus, nos lois politiques ; nos lois civiles, et surtout nos
lois pénales ? La liberté de la discussion n'a-t-elle donc pas
pour objet de dissiper toutes les erreurs et de porter le flambeau de la vérité sur toutes les croyances morales et positives
qui lient l'homme à l'homme, et sur toutes les institutions
qui constituent et régissent la société ? Lorsque l'immortel auteur de la Charte voulut nous assurer les conquêtes de la révolution, obtenues au prix de tant de désordres, d'infortunes
et de sang, il proclama la liberté des consciences et l'affran-
chissement de la pensée ; n'était-ce pas livrer à l'analyse d'un
examen libre et public tous les dogmes et toutes les doctrines,
les faits, les actes et la loi elle-même ; en un mot, tout ce qui
entre dans le domaine de la raison et de l'intelligence ?

Eh quoi ! Messieurs, il est permis à un journal long-tems
soudoyé par le ministère, de poursuivre chaque jour de ses
invectives ou d'une amère dérision, tout ce qu'il y a de plus
saint dans notre législation politique ; de diffamer et les principes constitutionnels et les plus honorables défenseurs de
nos droits ; il est permis à un magistrat de la cour royale de
Paris de proposer des coups d'état tels que le gouvernement
par ordonnances et la violation des sermens de Reims : il est
permis à des écrivains qui se proclament royalistes exclusifs,
d'exciter les passions populaires, de soulever des haines contre
les partisans d'une doctrine opposée à la leur, de présenter
comme résultat infaillible de l'ordre légal, le hideux tableau
des crimes de la terreur, et de provoquer, dans l'intérêt privé
de quelques hommes, à la désobéissance à notre pacte fonda-
mental ! La France entière pourra être chaque jour inondée
de ces écrits, et il sera défendu à M. Morin de suivre l'impulsion
d'une conscience que l'ambition et les richesses n'ont pas cor-
rompue, et de prendre la plume pour faire connaître à ses
concitoyens l'impression douloureuse de son cœur au moment
où la hache du bourreau va frapper, sans utilité peut-être,
quatre victimes de la faim et de la misère ! Prenons garde,
Messieurs, que le respect dû à la loi ne nous conduise pas
jusqu'à l'absurde ou l'injuste ; ne confondons pas l'obéissance

aveugle et servile avec l'obéissance sage et prudente que commande la loi , ni la soumission musulmane avec le respect ; l'obéissance et le respect que la loi exige ne sauraient s'étendre jusqu'à couvrir d'un silence coupable ses erreurs', ses vices et les maux dont son exécution serait suivie.

Mais la doctrine professée par M. Morin est-elle donc tellement nouvelle qu'elle ait pu effaroucher quelques esprits ombrageux ? Non , Messieurs ; les immortels ouvrages de Beccaria et de Jérémie Bentham circulent librement en France , et ces auteurs ont pensé et écrit que la société n'a pas le droit de frapper de mort un seul de ses membres , pour aucun fait , pour aucun crime. Voyez les conséquences : la loi n'est pas seulement barbare , elle frappe injustement ; tous les malheureux qui jusqu'à ce jour ont passé par les mains des bourreaux étaient victimes de la force ; toutes les exécutions faites au nom de la loi ont été des assassinats judiciaires. MM. Carnot , Guizot , le marquis de Pastoret , vice-chancelier de France , ont professé des doctrines semblables ; et pour nous rapprocher davantage de notre époque , lisons les ouvrages de ce jeune publiciste dont le barreau de Lyon pleure la mort récente et prématurée , de Torombert , l'un des écrivains les plus distingués de notre époque , l'un de nos plus vertueux concitoyens ; nous y retrouverons les mêmes pensées , les mêmes doctrines ; et pourtant le ministère public n'a pas sévi. Lisons l'ouvrage plus récent encore de M. Charles Lucas : c'est l'un des plus remarquables et des plus complets qui aient traité cette importante question ; et, loin d'avoir attiré sur son auteur les rigueurs de la justice , il lui a mérité une double couronne, publiquement décernée à Paris et à Genève. Morin est-il donc si coupable pour avoir glané dans un champ où des écrivains , des philosophes justement considérés avaient si richement moissonné ?

Morin a dit que la loi qui punit de la mort le crime de fausse monnaie est une loi barbare ; et c'est là un des griefs de l'accusation. Oui , Messieurs, il l'a dit, il le répète, je le répète avec lui , je m'associe à son délit. Si je crois dans mon intime conviction que la société n'a pas le droit de disposer de la vie d'un seul homme, sa loi n'est pas seulement barbare à mes yeux, elle est atroce, elle est inique, elle est un crime. Ce sentiment que j'éprouve, j'ai le droit de le livrer à l'examen de la pensée et à l'analyse de l'intelligence ; il constitue alors une opinion , il devient un système que je puis établir selon le degré de mes lumières et reproduire au dehors. Et pourquoi ne le produirais-je pas ? Est-il donc si bien démontré que la peine de mort, appliquée au crime de fausse monnaie , soit rigoureusement nécessaire à l'existence , à la conservation ou à l'ordre de la société ? A-t-on fait déjà l'expérience d'une loi plus douce, et a-t-on à se repentir de cet essai ? Faut-il que je pense comme la loi , par cela seul qu'elle existe ? Faut-il que je fasse céder ma conviction , par cela seul que la même erreur sera restée accréditée pendant plusieurs siècles ? ou , si ma conviction ne cède pas, faut-il que je me taise par respect pour une erreur d'autant plus funeste qu'elle remonte à des tems plus reculés , et qu'elle semble consacrée par une longue série de terribles exemples ?

Et quand bien même nous admettrions en principe que la société a le droit de mort sur les coupables , la loi ne nous paraîtra-t-elle pas barbare si le châtiment qu'elle inflige n'est pas en rapport avec le délit , si elle n'établit point de gradation dans l'application de la peine , comme il en existe dans la cousommation du crime ? Laissons à d'autres siècles le bizarre préjugé qui fait assimiler la fabrication de la fausse monnaie au crime de lèze-majesté, parce que les pièces de monnaies sont marquées à l'effigie du prince ; une telle sublilité n'aurait dû jamais souiller notre législation pénale. La contrefaçon des monnaies ne constituera jamais aux yeux des hommes sensés qu'une escroquerie ou un faux. Ce sera toujours le même crime de contrefaire une pièce de monnaie ou un billet de banque, un billet de banque ou la promesse d'un simple particulier. Pourquoi , la criminalité étant la même , une si grande différence existe-t-elle dans le châtiment ?

Je ne veux pas ici, Messieurs, vous présenter un traité sur cette matière ; mais je dois en quelques mots vous dire toute ma pensée. Il répugnera toujours à ma conscience de faire l'application d'une loi qui comprend dans la même rigueur tous les degrés du crime, qui ne permet pas la pitié du juge, et qui rend le repentir inutile. Quoi ! Messieurs, le scélérat qui s'est familiarisé dans les prisons et dans les bagnes avec la science du crime, et qui sait voler le code pénal à la main, peut encore parler au cœur des magistrats et solliciter leur indulgence ; il trouve encore quelque protection dans la loi ; suivant la nature de la détention la peine est graduée d'un an à cinq ; de cinq à dix, de cinq à vingt, et la clémence royale peut encore après la condamnation lui accorder quelque adoucissement à son sort ! Mais pour le malheureux qui , dévoré par le besoin , a , dans un moment de faiblesse et d'égarement, blanchi une seule pièce de cuivre pour lui donner la valeur d'un franc : pour lui, Messieurs, il n'est point de pardon, c'est pour lui que le juri doit être inflexible et le juge inexorable ! En vain le repentir qu'il témoigne paraîtra-t-il le gage assuré d'un meilleur avenir, il faut fermer pour lui toutes les portes de la clémence et éteindre tout espoir , la mort seule peut laver l'injure qu'il a faite à la société !

Si l'exemple était au moins salutaire ! mais voyez accourir

ces hommes, ces femmes, ces enfans à ce spectacle sanglant ;
viennent-ils chercher au pied de l'échafaud une utile leçon ?
Non, Messieurs ; ils viennent assister aux derniers instans d'un
malheureux, comme autrefois le peuple assistait au combat des
gladiateurs ; ils viennent chercher sur son visage les traces de
la terreur que son sort lui inspire et de la douleur du supplice ! ils viennent jouir de ses dernières palpitations et se re-
paître de son sang ! ils viennent étouffer par degré la pitié
qui assiégeait leur ame et se familiariser avec le meurtre !
O ! Messieurs, après avoir goûté cette joie féroce, combien
leur cœur sera plus disposé à la vertu lorsqu'ils rentreront
dans le sein de leur ménage ! Serait-il donc coupable l'écrivain
dont ces lugubres pensées assiégeaient l'esprit, lorsqu'animé du
désir de faire entendre la voix de l'humanité et de rendre service à son pays, il a osé dire que la loi est barbare qui condamne à mort pour le crime de fausse monnaie ? Il a publié
une opinion que bien d'autres avaient manifestée avec lui,
que vous partagez vous-mêmes avec moi ; serait-il condamné
pour avoir osé dire une vérité utile, pour avoir voulu hâter
le moment où notre législation sera purgée d'une disposition
cruelle ?

Ce n'est encore là, Messieurs, qu'une faible partie des torts
reprochés à M. Morin. On lui eût pardonné peut-être la qua-
lification qu'il a donnée à la loi ; mais on ne lui pardonne pas
d'avoir engagé le juri à la trop bien connaître, à l'apprécier
et à la repousser dans son application. C'est ici que l'on invo-
que le système d'une obéissance aveugle et d'une soumission
tellement absolue du juri, qu'il devrait composer avec sa
conscience ou rendre compte aux officiers du parquet des
motifs de sa décision ; ou plutôt c'est ici que l'accusation,
par une confusion de principes, accorde une extension sans
limite à la disposition qui punit la désobéissance aux lois,
tandis qu'elle s'efforce de *rapetisser* l'institution du juri, en
lui enlevant tout ce qu'il a de vraiment honorable et utile
dans ses attributions.

Entendons-nous bien sur ces mots : *Provocation à la désobéissance aux lois.* Toutes les lois ne méritent pas la même faveur et la même protection, elles ne sont pas toutes également
impératives, elles ne commandent pas toutes la même obéissance ; et dans tous les cas il faudra bien distinguer entre la
désobéissance et la simple infraction, entre le refus passif de
se soumettre et la violence qui renverse et détruit. Je ne ne
sais si je me trompe ; mais la raison m'apprend que la
provocation à la désobéissance ne peut être un délit que
lorsqu'il s'agit de ces lois de police et d'ordre public dont
l'exécution assure l'existence de la société ou le maintien de
la tranquillité générale. La provocation à la désobéissance

ne peut être un délit que lorsque la désobéissance a le même caractère et devient criminelle. Vous condamneriez sans la moindre hésitation l'homme qui provoquerait un accusé à résister avec violence aux agens de la force armée et à recouvrer sa liberté à l'aide d'un bris de prison ; mais vous ne condamneriez pas celui qui provoquerait ce même accusé à ne point obéir à un mandat de comparution décerné en vertu de la loi, et à se soustraire par la fuite à l'obéissance qu'il faut bien prêter à un arrêt de condamnation. Vous auriez condamné, il y a un an, le journal qui aurait excité une classe de citoyens à résister par la violence aux ordonnances du mois de juin sur les petits séminaires, et l'on n'a pas même poursuivi devant vous les prélats et les écrivains qui provoquaient les professeurs à une désobéissance passive en leur disant : « Ne vous soumettez pas aux ordonnances ; » refusez les déclarations qu'on vous impose et le réglement » qu'on vous présente ; continuez comme par le passé ; ne » vous retirez que devant la force publique ! » Pardonnez-moi ce dernier exemple, Messieurs ; il ne peut blesser ni les convenances, ni votre dignité, et il fait mieux comprendre ma pensée. Est-il un seul magistrat qui n'ait jamais cherché à éluder la loi, lorsque sa conscience lui apprenait que l'application trop rigoureuse de cette loi serait une révoltante injustice? Eh bien Messieurs, condamneriez-vous comme provocateur à la désobéissance aux lois celui qui, dans un écrit imprimé, ou le défenseur qui, dans une audience publique, aurait préparé ou encouragé cette espèce d'infraction ou de désobéissance?

M. Morin est-il donc coupable d'un autre fait ? a-t-il conseillé la fabrication ou l'émission des fausses pièces de monnaie ? a-t-il engagé les accusés à méconnaître l'autorité des tribunaux et à se soustraire violemment au sort dont ils étaient menacés ? a-t-il provoqué les magistrats à les acquitter sans examen et sans formes judiciaires ? a-t-il excité le peuple à briser les portes de la prison ou à renverser l'échafaud ? a-t-il même provoqué les magistrats de la cour d'assises à mépriser la déclaration du juri et à refuser d'appliquer la loi à un fait dont ils n'étaient pas juges ? enfin, a-t-il en quelque façon provoqué la violence ? Non, Messieurs ; il a dit seulement aux jurés de se renfermer dans l'omnipotence que leur donne la loi, et de puiser dans leur conscience les motifs de leur décision.

Mais l'omnipotence du juri, on la nie, on la conteste comme une erreur de doctrine dangereuse dans son principe, funeste dans ses résultats. Elle existe pourtant comme un droit et comme un fait. Ouvrons le code d'instruction criminelle, qu'y voyons-nous ? La déclaration du juri sera : *Oui*, *l'accusé est coupable. Non, l'accusé n'est pas coupable* ; et cette réponse suffira simple , sans motifs et sans développemens , parce que le juri ne doit compte de son opinion qu'à Dieu seul. Il tient donc dans sa main lé sort des accusés ; il est donc tout-puissant pour condamner ou pour absoudre, sans autre règle que sa conscience, sans autre force que sa volonté !

Quelle est l'objection ? On la tire d'une instruction que la loi adresse aux jurés par l'organe de leur président au moment de leur délibération, et qui se termine par ces mots : « Ce qu'il
» est bien essentiel de ne pas perdre de vue , c'est que toute
» délibération du juri porte sur l'acte d'accusation ; c'est aux
» faits qui le constituent et qui en dépendent qu'ils doivent
» uniquement s'attacher , et ils manquent à leur premier de-
» voir lorsque, pensant aux dispositions des lois pénales , ils
» considèrent les suites que pourra avoir, par rapport à l'ac-
» cusé , la déclaration qu'ils ont à faire. Leur mission n'a pas
» pour objet la poursuite ni la punition des délits, ils ne sont
» appelés que pour décider si l'accusé est ou non coupable du
» crime qu'on lui impute. »

Ce n'est pas de ma bouche que vous entendrez sortir la critique de cette sage exhortation dont je viens de vous lire la dernière partie. On y voit tracée la ligne de démarcation qui existe entre les fonctions du juré et celles du juge, limite qu'il n'est pas permis de franchir. Le juré apprécie le fait ●l'intention de l'accusé et la criminalité de l'action ; au juge seul appartient le droit rigoureux d'arbitrer la mesure de la peine en se renfermant dans le cercle légal , ou d'ordonner le supplice en se soumettant à la volonté d'une loi inexorable. Sans doute , Messieurs, le juré qui voudrait réunir ces deux fonctions, celui qui, arbitrairement et sans autre règle que son caprice, s'occuperait d'abord de la loi pour ensuite calquer sa déclaration sur l'article qu'il voudrait faire appliquer ; celui qui toujours et dans toute circonstance chercherait à imposer son opinion à la cour et lui dicter son arrêt , qui voudrait en un mot être juge du fait et du droit , et tenir la balance de la justice et le glaive de la loi, celui-là, Messieurs, manquerait à son premier devoir. Mais à côté du principe général dont la sagesse n'est pas contestée, se trouve l'exception ; à côté d'un devoir essentiel, se trouve un droit juste et sacré ; à côté de l'abus, se trouve l'usage légitime. Dans cette même instruction si prudente, si pleine de raison , ne lit-on pas ces mots remarquables : « La loi ne demande pas compte aux jurés des moyens
» par lesquels ils se sont convaincus..... Elle leur prescrit de
» s'interroger eux-mêmes dans le silence et le recueillement ,
» et de chercher dans la sincérité de leur conscience quelle
» impression ont faite sur leur raison les preuves rapportées
» contre l'accusé et les moyens de la défense..... Elle ne leur
» fait que cette seule question , qui renferme toute la mesure

» de leurs devoirs : *Avez-vous une conviction intime?* » A son tour, Messieurs, que l'accusation respecte ces paroles comme j'ai respecté celles qu'on m'opposait ! Toute la mesure des devoirs du juré est dans la *conviction intime* ; eh bien ! Messieurs, si le juré, dans la sincérité de sa conscience, dans ce recueillement religieux qui lui est ordonné, acquiert la conviction intime que l'accusé, coupable d'un fait criminel, n'a pourtant pas mérité la mort, il n'est donc pas forcé de se soumettre à la volonté d'une loi cruelle ! N'a-t-il pas d'ailleurs prêté un serment solennel ? ce serment, quel est-il ? « Vous jurez et pro-
» mettez, lui a dit la loi, devant Dieu et devant les hom-
» mes,.... de ne trahir ni les intérêts de l'accusé, ni ceux de
» la société qui l'accuse..... de vous décider, d'après les char-
» ges et les moyens de défense, suivant votre conscience et
» votre intime conviction, avec l'impartialité et la fermeté qui
» conviennent à un homme probe et libre. » Et il a répondu :
Je le jure. Ce serment, il ne peut plus l'oublier, et aucune considération, même légale, ne peut l'autoriser à l'enfreindre.

Eh bien ! Messieurs, lorsqu'il s'est ainsi posé la question : l'accusé est-il coupable d'un fait qui a mérité la mort, si sa conscience répond que le supplice est sans proportion avec le crime, pourrait-il condamner sans trahir à la fois l'intérêt de l'accusé et celui de la société ? sa conscience ne lui apprendrait-elle pas qu'il a commis une action sacrilége ? aurait-il conservé cette impartialité et cette fermeté qui conviennent à un homme probe et libre ? n'aurait-il pas violé son serment ? Vous le voyez donc, Messieurs, l'*omnipotence* du juri est dans la loi, puisque sa conscience et sa conviction sont la mesure de ses devoirs, et que sa déclaration, dont il ne doit compte à personne, est exécutée sans recours et sans appel, comme une volonté toute-puissante.

J'ai dit, Messieurs, que l'omnipotence du juri est un fait, et en vérité je ne suis embarrassé que sur le choix des preuves: attachons-nous à des traits généraux.

Le code pénal inflige la peine de mort à la mère coupable d'infanticide ; c'est encore une disposition dont la rigueur répugne à toutes les consciences : aussi voyait-on presque toujours le juri en refuser l'application ; la sévérité de la loi assurait l'impunité au coupable. En 1824, le gouvernement senti la nécessité de réparer le vice de la législation. Pensez-vous qu'il ait adressé de nouvelles exhortations aux jurés pour les faire rentrer dans ce que l'accusation appelle un devoir ? pensez-vous qu'il ait cherché à leur donner une autre conviction que celle de leur conscience, ou à les contraindre à une inflexible sévérité ? a-t-il fait porter sur eux le blâme ou la censure ? Non, Messieurs; il n'a donné aucune atteinte à l'omnipotence dont les jurés avaient fait usage. Ce n'est pas

leur institution, c'est la loi pénale qu'il a corrigée; et voici comment s'exprimait, le 11 juin, à la chambre des députés, M. Jacquinot de Pampelune, rapporteur de la commission: «Il n'est que trop vrai, et chacun de vous en a la triste certi-
» tude, qu'ici la conscience du juri n'est presque jamais d'ac-
» cord avec la sévérité de la loi.... N'est-il pas tems de remé-
» dier à cette véritable plaie sociale? le gouvernement du roi
» en a reconnu *la nécessité.*» Ces paroles n'ont pas besoin de commentaires.

Et cette loi sur le sacrilége, si vivement combattue, si impopulaire, si contraire à nos mœurs, a-t-on rencontré un seul juri qui se soit condamné à en faire l'application? non, Messieurs. Je me trompe, un juri, un seul a fait appliquer cette loi, mais ce fut involontairement et par erreur; en usant de son omnipotence, il calcula mal les résultats de sa déclaration.

Mais pour nous rapprocher de l'objet de l'accusation, voyons quelle opinion la France a manifestée par l'organe des jurés sur la loi qui inflige la mort pour le crime de fausse monnaie. C'est dans les tableaux statistiques dressés en 1825 et 1826, par ordre du garde-des-sceaux, que je puise ces renseigne-mens; les tableaux des années suivantes ne sont pas en mon pouvoir. Sur 100 accusations d'émission de fausse monnaie, 63 acquittemens furent prononcés en 1825; sur le même nombre d'accusations de même nature en 1826, il y eut 56 acquittemens. Les jurés n'avaient donc pas besoin de l'aver-tissement de M. Morin pour recourir à leur omnipotence; vous en êtes convaincus, car il existait certainement des cou-pables parmi les accusés renvoyés absous: il serait trop dou-loureux de penser que le ministère public eût traîné à la barre des cours d'assises un si grand nombre de malheureux injus-tement soupçonnés.

Voilà donc l'omnipotence du juri démontrée, et par la nature de cette institution, et par les principes judiciaires qui la ré-gissent, et par une longue série de faits et d'exemples qui ont pour ainsi dire germé dans nos mœurs, et ont fini par établir une sorte de jurisprudence, ou plutôt un droit dont il n'est plus possible aujourd'hui de priver le pays.

Mais cette *omnipotence* pourquoi donc est-elle aujourd'hui si vivement attaquée? Elle ne date pas d'hier; la chose existait avant qu'on eût pensé à employer le mot, et le mot n'a rien changé à la chose. D'ailleurs où est le danger? Vous ne voulez pas laisser à l'arbitraire des jurés l'appréciation et l'exécution de la loi; mais malgré tous vos efforts les jurés connaîtront la loi, ils apprendront par leurs propres études et par la défense de l'accusé quels sont ses vices et quelle est sa sévérité; ils la pèseront à la balance de leur justice et de leur raison; et si leur conscience leur dit qu'elle est injuste, ils refuseront malgré vous de l'exécuter.

Craignez-vous que l'exercice de ce droit ne conduise à la déconsidération ou au mépris de la loi ? Rassurez-vous : depuis vingt ans et plus les jurés ont usé de leur omnipotence, et nos codes sont encore respectés et exécutés. Les jurés sont pris dans les rangs des citoyens les plus éclairés et les plus intéressés au maintien de l'ordre et de la tranquillité publique ; ils sauront toujours punir lorsqu'il importera à la société que le châtiment intervienne; ils n'absoudront le coupable que dans les cas assez rares où l'application de la loi serait une injustice et la condamnation un mal pour la société. Ne soyez pas plus exigeans que le code d'instruction criminelle ; daignez vous confier à l'honneur, à la probité et à la conscience du juri.

Mais à côté de ces craintes chimériques et de ces dangers imaginaires, n'existe-t-il donc pas un bien réel pour la société, qui prend sa source dans cette toute-puissance du juri ? Lorsque le refus d'appliquer une loi est devenu unanime, on peut dire avec raison que cette loi est mauvaise, qu'elle n'est plus en harmonie avec nos mœurs; et c'est pour le législateur un avertissement que le moment de la modifier est arrivé. Avant la révolution, plus de 125 crimes et délits étaient punis de mort ; notre nouveau code en a réduit la nomenclature à 5 ou 6, et le mal n'a pas empiré. Quelle amère critique de l'ancienne législation ! Si le juri eût existé alors, et si les dispositions pénales n'eussent pas été si rigoureusement observées, aurait-il fallu une crise aussi violente qu'un bouleversement général de toute la France pour faire pénétrer dans la loi les principes d'une plus saine philosophie ?

L'omnipotence du juri a donc pour résultat immédiat de faire tomber en désuétude les lois qui offensent l'humanité et la raison, de conserver, de maintenir celles qui sont en harmonie avec nos mœurs et avec les besoins de la société. La voix du juri est plus puissante que celle des écrivains et même que celle des magistrats ; car, le juri se renouvelant sans cesse et ne motivant pas ses décisions, ne cède pas à des souvenirs qu'il s'est formés, à une jurisprudence qu'il s'est créée ; il juge suivant sa raison, et ses jugemens sont la manifestation de l'opinion du pays.

Ne nous abusons point, Messieurs ; ce droit légitime de résister à une loi injuste n'appartient pas seulement à quelques hommes, il appartient à la société qui l'exerce aujourd'hui par le juri, comme elle l'exerçait autrefois par les magistrats ; car ce droit est aussi ancien que la loi. En voulez-vous la preuve ? Je vais citer des autorités irrécusables.

Je lis dans le Répertoire de Merlin : « Chaque siècle, chaque » peuple a ses erreurs, qui sont comme l'épidémie de l'esprit

» humain. On ne ferait jamais un pas vers la vérité , si on ne-
» soumettait jamais l'usage à l'examen. Une loi qui renferme
» quelques-uns de ces inconvéniens (c'est-à-dire , qui blesse
» les mœurs , la décence , la liberté publique , qui préjudicie
» de quelque manière que ce soit à la société, ou qui sans être
» nuisible est simplement déraisonnable et absurde) , tombe·
» aisément en désuétude. De là vient , comme l'observe M. le
» chancelier d'Aguesseau, dans sa lettre du 4 septembre 1742,
» qu'il y a bien de choses qu'on a conservées dans la rédaction
» des coutumes par respect ou par prévention pour d'ancien-
» nes traditions *qui ne doivent plus tirer à conséquence* depuis
» que la législation s'est perfectionnée, et *qui sont censées suffi-*
» *samment abrogées* par l'esprit général des lois , *par l'usage*
» *commun de toute la France* QUI EN EST LE PLUS SUR INTERPRÈTE.

» L'art. 634 de la coutume de Bretagne, dit encore M. d'A-
» guesseau, porte : Que *les faux monnayeurs seront bouillis ,*
» *puis pendus.* Et je demanderai volontiers si ceux qui ont un
» si grand respect pour la coutume de leur pays voudraient
» prononcer eux-mêmes une condamnation pareille à celle
» que la coutume leur dicte par cet article ? »

N'est-ce donc pas ce même droit de résister à la loi , cette
même omnipotence que l'institution du juri a recueillie comme·
un précieux héritage , dont le chancelier d'Aguesseau recon-
naissait l'existence et proclamait les bienfaits ? La législation
de cette époque , comme la législation présente , avait gardé
un silence absolu sur la légitimité de ce droit, et elle se taira
toujours , parce que la loi ne peut pas raisonnablement sup-
poser qu'elle soit injuste, immorale ou ridicule. Mais ce droit
a sa source dans la raison et dans la justice qui sont la suprême
loi. En France , Messieurs , des arrêts de réglement défendi-
rent l'emploi de l'émétique et prescrivirent la manière de saigner
les malades , et je n'ai pas ouï dire qu'il ait fallu recourir à la
volonté royale pour abroger ces arrêts qui avaient la force législative , ni que des docteurs aient été condamnés comme
coupables de provocation à la désobéissance aux lois pour
avoir écrit en faveur de l'émétique et en avoir conseillé l'usage.
Il est peut-être encore des pays dont la législation offre à des
divinités cruelles le sacrifice du sang humain ; qui donc oserait applaudir à la lâcheté d'un homme qui, pouvant éclairer
ces peuples barbares, se tairait devant leur loi, non par respect, mais par la crainte des juges d'instruction du pays ? N'a-
vons-nous pas aussi pour nous l'expérience des tems passés
dont nous pouvons consulter plus d'un souvenir douloureux?
Lorsque les lois sanglantes de la révolution envoyaient à l'é-
chafaud tant de victimes innocentes , ont-ils été coupables
envers la société ceux qui s'efforçaient de prévenir les crimes
de la loi ? auraient-ils manqué à leur conscience ou à leur pre-

mier devoir les juges qui auraient proclamé l'innocence là où la législation ordonnait la mort? Ces tems de désordre et d'horreur ne se reproduiront jamais au milieu de nous ; mais toutes les lois qui commandent l'injustice n'ont pas le même degré de barbarie et de perversité. L'époque n'est pas éloignée de nous où le ministère qui conservera dans l'histoire le nom de *déplorable* osa présenter à la France une loi sur la presse, qui prescrivait la fraude et ordonnait le vol. Ecoutez les sublimes paroles que fit entendre à cette occasion cet orateur dont le nom seul est un éloge, l'honorable *Royer-Collard* :

« Messieurs, une loi qui nie la morale est une loi athée ;
» l'obéissance ne lui est pas due : car, dit Bossuet, il n'y a
» pas sur la terre de droit contre le droit. Hélas ! nous avons
» traversé des tems où l'autorité de la loi ayant été usurpée
» par la tyrannie, le mal fut appelé bien, et la vertu crime.
» Dans cette douloureuse épreuve, nous n'avons pas cherché
» la règle de nos actions dans la loi, mais dans nos cons-
» ciences.......... Nous sommes les mêmes hommes qui ont
» fabriqué des passeports et rendu peut-être de faux témoi-
» gnages pour sauver des vies innocentes...... Nous soutenons
» avec les moralistes de tous les âges, avec les saints docteurs
» dont nous ne faisons que répéter le plus pur langage, nous
» soutenons sur le tombeau des martyrs, que si la loi vient
» trouver un particulier pour l'interpeler par un commande-
» ment injuste, ce particulier doit, à tout risque, refuser son
» obéissance..... N'avez-vous pas (s'adressant au garde-des-
» sceaux) fait entendre que vous auriez violé les lois révolu-
» tionnaires pour des proscrits, pour des émigrés ? C'est la
» même chose (le garde-des-sceaux fait un geste négatif). Eh
» bien ! un homme qui ne vous cède ni en probité, ni en re-
» ligion, ni en sentimens de délicatesse, agirait autrement que
» vous ; et cet homme, c'est moi ! »

Que pourrais-je ajouter à ces paroles éloquentes ? N'ont-elles pas prouvé tout le système de l'émancipation du juri ? N'ont-elles pas démontré que pour l'homme chargé de la distribution de la justice criminelle, il n'est aucun pouvoir supérieur à la conscience, à la conscience qui a la vertu pour guide et Dieu seul pour juge ?

Vous m'avez suivi avec bienveillance dans cette discussion, parce que vous avez compris comme moi toute l'influence qu'elle va exercer dans ce procès. Quelle est, en effet, la provocation reprochée à M. Morin ? A-t-il engagé le juri à renverser, par une opposition systématique et au mépris de son entière conviction, tout le système de notre législation pénale ? Non ; ce n'est pas une résistance capricieuse ou une désobéissance coupable qu'il a conseillée ; mais l'exercice d'un droit légitime et sacré. Les jurés avaient deux lois à consulter, la loi

humaine et la loi divine, le code pénal qui s'appesantit sur les
coupables, et la conscience qui dirige l'homme dans les sen-
tiers de la vertu. Morin leur a dit que le choix n'était pas libre
entre ces deux volontés contraires, et il les a fait souvenir de
leur serment. Malheur à nous si ses paroles sont criminelles
aux yeux de la justice humaine, et si elles peuvent être con-
damnées au nom de la société!

Mais ne nous arrêtons pas à ces réflexions purement morales;
permettez-moi d'interroger l'accusation, et de lui demander
pourquoi Morin a été choisi parmi tous les écrivains qui adres-
sent chaque jour les mêmes exhortations aux jurés dans des
ouvrages élémentaires ou dans les journaux, et pourquoi il a
obtenu la préférence de la poursuite. Si c'est un crime d'en-
courager les jurés à faire usage de leur toute-puissance, lorsque leur conviction les y porte, pourquoi donc s'en est-on
aperçu si tard, et pourquoi les tribunaux de la capitale n'ont-
ils pas encore sévi? En effet, Messieurs, le délit n'est pas
nouveau, et il se reproduit tous les jours. En 1827, sous un
ministère qui avait mis l'obéissance passive à l'ordre du jour,
MM. Dubochet et Guichard publièrent, sans être inquiétés,
un ouvrage intitulé : *Manuel du Juré*, qu'ils adressaient à la
même classe de citoyens dont M. Morin voulait éclairer la
conscience. Dans le titre 6 qui traite *de l'obéissance à la loi
comparée au droit d'examen et de résistance*, je lis ces mots :
« Une disposition pénale peut être injustement décrétée; elle
» peut causer plus de mal que de bien, ou entraîner un mal
» superflu ; cependant l'application en sera juste, si elle est
» moins funeste que son infraction; mais, dans le cas con-
» traire, s'il y avait moins d'inconvéniens à enfreindre la loi
» qu'à lui obéir, la peine serait injuste quoique conforme à
» la loi. C'est ce que nous nous appliquerons à démontrer en
» établissant qu'*obéissance passive n'est pas due à la loi*.» Suivent
32 pages employées au développement de cette pensée ; et les
auteurs ajoutent : « Au fond, tous ceux qui protestent que la loi,
» quelle qu'elle soit, doit être scrupuleusement observée,
» ne se dissimulent pas que l'examen et l'infraction de la loi
» sont parfois *un droit et un devoir*. Combien de citoyens et de
» magistrats, qui professaient une obéissance sans borne à la
» loi, ont, dans les affaires ordinaires de la vie, ou au tri-
» bunal, violé les ordres les plus manifestes, sans se le repro-
» cher, et quelquefois en goûtant la satisfaction d'avoir bien
» fait. » Ne croyez pas que, livrés à ces réflexions générales,
les auteurs se soient exclusivement renfermés dans de vagues
théories; ils ont aussi examiné le mérite de la peine de mort
appliquée au crime de fausse monnaie, et celle des travaux for-
cés appliquée à certains vols, et ils ont dit comme M. Morin
(p. 465) : « Les jurés, en sauvant d'une mort ignominieuse ou de

» la captivité des bagnes des coupables qui, à leurs yeux, n'au-
» raient pas mérité ces peines, feront une *chose juste et avanta-*
» *geuse à la société ;* la loi ne sera pas enfreinte, car selon ses
» exhortations, ils auront obéi à leur conscience et cédé à leur
» intime conviction. » Cet ouvrage, Messieurs, n'est pas resté
enfermé dans la limite d'un département ou dans l'enceinte
d'une ville ; il n'a pas été adressé à un seul juri à l'occasion
d'un seul procès ; il a été répandu dans toute la France ; il
est dans les mains de tous les jurés qui aiment à se bien pénétrer de l'étendue de leurs droits et de leurs devoirs ; il était
adressé au pays tout entier, et, je le répète, il n'a été l'objet
d'aucune poursuite ni même d'aucune réfutation ! Serait-il
donc défendu d'effleurer dans un journal une doctrine à laquelle il a été permis de donner tous les développemens dont
elle est susceptible, dans un volume de 500 pages ? Serait-ce
donc le format ou le mode de publication qui constituerait le
délit ? L'ouvrage imprimé d'un seul conteste a-t-il plus de
privilége que l'ouvrage publié par livraisons ? et celui qu'on
publie par livraisons serait-il encore plus privilégié que celui
dont la publication a lieu chaque jour, par feuille, par nu-
méro ? Mais les journaux aussi se sont occupés de la question
d'*omnipotence* ; ils ne cessent de la proclamer comme un bien-
fait de la loi et de la raison publique ; ils s'efforcent de la démontrer et de la consacrer par les exemples qu'ils recueillent ;
cette doctrine salutaire, ils la prêchent tous les jours sous les
yeux des magistrats qui ne s'en offensent point, laissant la
vérité percer par ses propres efforts et sortir de la discussion
brillante et respectée.

Je ne veux citer que la *Gazette des Tribunaux.*

(M⁰ Valois cite ici un grand nombre de Nᵘˢ de la *Gazette
des Tribunaux* qui tous parlent de l'omnipotence du juri
comme un fait établi, ou la défendent comme une doctrine.)

Mais, Messieurs, la discussion de cette doctrine, qui sans
doute eût été permise à M. Morin si elle eût été générale et
sans application à un fait particulier, comme dans l'ouvrage
de MM. Dubochet et Guichard, ou si elle eût été présentée à
la suite d'une déclaration du juri, comme dans la *Gazette des
Tribunaux*, a-t-elle pu devenir criminelle par cela même qu'elle
a été appliquée à un fait spécial et qu'elle a précédé les débats de
la cour d'assises ? Je dois le dire avec franchise, ma raison répugne à voir autre chose dans cette distinction qu'une misérable
subtilité. Que l'écrit de M. Morin, offert prématurément à MM.
les jurés, ait blessé leur susceptibilité ; je le conçois. Que dans
la crainte de paraître céder trop facilement à l'influence d'un
journal, ils aient examiné avec plus de soin et de recueillement les charges de l'accusation et l'utilité de la loi ; je le conçois encore. Ce que je ne comprends pas, c'est que le minis-

tère public eût intérêt à se plaindre de ce résultat. Mais inter-
rogeons la raison et le bon sens. N'est-il donc permis aux
écrivains, aux jurisconsultes et aux moralistes de publier leurs
opinions qu'autant qu'ils se renfermeront dans les études spé-
culatives ou dans les abstractions de la science? Leur est-il défendu d'ajouter à l'autorité du précepte, l'autorité de l'exemple? La doctrine appliquée à un fait n'est-elle donc plus une
opinion que la Charte déclare libre? Si une question de droit
public doit surgir des débats d'un procès criminel, n'est-il
permis qu'au seul accusé de l'examiner, de la discuter et de
la présenter à la solution des hommes éclairés? Si au contraire
une libre carrière est donnée à la discussion de cette question,
faut-il attendre pour l'ouvrir que le jugement soit rendu, c'est-
à-dire que l'examen soit devenu inutile et que l'erreur ait pu
être consacrée? Tombe-t-il sous les sens que ce qui eût été permis à M. Morin le lendemain, lui fût interdit la veille, et que
son article coupable le 29 juin eût été innocent le 30?
Dites qu'il y a eu inconvenance! Dites que cet article, en of-
fensant la susceptibilité du juri, présentait peut-être un nouveau danger aux accusés! Je ne contesterai pas sur le sujet si
délicat des convenances; mais je dirai avec la raison et avec
le système tout entier de notre législation pénale, que les in-
fractions aux règles des convenances ne sont point du ressort
des tribunaux correctionnels.

Au surplus, je l'ai déjà dit, et la lecture du journal incri-
miné a justifié mon assertion, M. Morin n'a pas fait de provocation, il a seulement ouvert un avis et donné un conseil; il
n'a pas conseillé une résistance capricieuse et violente envers
la loi; il a seulement établi en principe la doctrine de l'omnipotence qui, à ses yeux, est juste et salutaire, et qui entre,
comme toutes les doctrines, dans le domaine des jurisconsul-
sultes et des moralistes; il l'a établie en principe, et après *avoir
fait des vœux ardens* (je répète ses expressions) *pour que les
charges parussent légères et que le juri ne fût point obligé de se
renfermer dans son omnipotence*, il lui a conseillé l'usage de ce
droit *s'il* VOULAIT *détourner de la tête des malheureux accusés
l'application d'une loi barbare*. L'accusation avait-elle bien
compris la portée de ces expressions, lorsqu'au lieu d'un appel
à la conscience des jurés, qui pour eux est la suprême loi, elle
n'a vu qu'une provocation à la désobéissance aux lois?

Voyez pourtant où l'on veut nous conduire! Ce langage de
M. Morin, cette opposition de la rigueur de la loi avec les circonstances du crime, cette opinion de d'Aguesseau, de Bossuet,
de Royer-Collard et de Merlin, sur les moyens de faire tomber
en désuétude une loi injuste par cela même qu'elle prononce
une peine sans proportion avec le délit; en un mot, *cette
omnipotence du juri* qui, à défaut de la raison, nous eût

été révélée par un si grand nombre d'exemples : toutes ces
choses, Messieurs, étaient des moyens dont la défense avait
le droit incontestable de s'emparer. L'avocat des accusés pouvait plaider tout ce qui a été dit par M. Morin, et il plaide
pour le juri, devant le juri et avant le jugement. Il pouvait
environner ces pensées si naturelles et si simplement exprimées
de tout le prestige de l'éloquence, de toute la chaleur d'une
ame passionnée pour le bien. Il pouvait imprimer un mémoire
avant l'ouverture des débats, et le répandre avec profusion au
domicile de MM. les jurés et dans le public. Un parent, un
ami des accusés pouvait aussi parler en leur nom et prendre
ouvertement leur défense : et personne n'aurait blâmé leur conduite, et le ministère public aurait applaudi à leurs efforts généreux, tout en leur contestant le principe de l'omnipotence
et son application. Un journaliste, Messieurs, n'est-il donc
pas l'ami, le protecteur, l'avocat de tous les malheureux ?

Tous les hommes ne peuvent pas s'adresser à leurs juges et
au public par la voie ordinaire de la presse, mais tous peuvent
recourir à eux par la voie des journaux. Si donc les accusés,
au lieu d'un mémoire, avaient emprunté le secours du *Précurseur* ; si l'article de M. Morin, rédigé par eux, était revêtu
de leur signature, de celle de leur avocat, de celle du parent
ou de l'ami qui se serait constitué leur défenseur, le ministère
public aurait-il osé leur demander raison de la publicité qu'ils
auraient donnée à la défense, et les tribunaux oseraient-ils les
condamner ? Et pourtant le langage aurait été le même, le
résultat aurait été semblable ; ce serait la même doctrine, la
même application de l'omnipotence du juri à un fait spécial,
la même provocation à l'infraction des lois ; la signature seule
serait changée ! Est-ce donc la signature qui constitue le délit ?
un écrit est-il innocent ou coupable suivant le nom ou la qua-
lité de son auteur ? la loi a-t-elle établi pour les écrivains des
priviléges et des catégories ?

Messieurs, dans les procès de cette nature il faut d'abord
consulter l'autorité de la raison : elle nous apprend que les
doctrines plus ou moins sujettes à être contestées ne sont jamais dangereuses quand on les livre à une discussion publique,
dont le résultat nécessaire doit être le triomphe de la vérité.
Elle nous apprend encore que les tribunaux correctionnels ne
sont pas compétens pour juger les doctrines, parce que leurs
décisions et les peines qu'ils prononcent ne seront jamais des
argumens en faveur de la vérité, ni des preuves sans réplique
contre l'erreur. La pensée ne se soumet point à la démonstration des amendes ni des cachots. Vingt jugemens des
tribunaux correctionnels auraient proscrit et condamné la
doctrine de l'omnipotence du juri, que le juri userait encore
de son omnipotence pour résister à la loi qui lui paraîtrait in-

juste et cruelle. Si parfois l'application des nouvelles doctrines semble avoir des résultats contraires à l'ordre de choses établi, il faut encore consulter l'autorité de la raison avant de poursuivre ou de condamner. Portons la lumière de son flambeau dans cette discussion.

Le fait reproché à M. Morin n'est pas une provocation pure et simple à la désobéissance aux lois , dans la vue de troubler l'ordre social ou de faire triompher une opinion par là violence ; c'est seulement le conseil ou l'exhortation adressée à douze jurés d'user du droit légitime qui leur appartient de ne pas appliquer une disposition de la loi dans le cas où après avoir consulté leur conscience , ils *voudraient* détourner de la tête des accusés la hache du bourreau. Si le fait qu'il a conseillé aux jurés était criminel dans son exécution , on ne peut douter que la provocation ne fût elle-même un délit ; si au contraire le fait conseillé aux jurés rentrait dans leurs droits et leurs attributions, s'il n'offensait ni la loi ni la morale, le conseil ou l'exhortation donnée par M. Morin n'est point coupable , car la provocation à un acte qui n'est pas répréhensible ne saurait constituer une action criminelle. L'art. 60 du code pénal considère le provocateur comme complice ; or il n'est point de complicité sans un délit principal possible , et conséquemment point de provocation coupable si le fait principal n'a pas lui-même les caractères de la criminalité.

Ce principe posé, que devient l'accusation portée contre M. Morin? Il a fait des vœux ardens pour l'absolution de quatre accusés, et les quatre accusés ont été absous; il a voulu prouver aux jurés qu'ils avaient le droit de se renfermer dans leur toute-puissance et d'écarter l'application d'une peine sans proportion avec le crime ; la peine a été écartée. Les jurés sont donc aussi coupables que M. Morin : ils ont participé au même délit ; l'un a conseillé, les autres ont exécuté ; l'un n'est que le complice suivant la définition de l'art. 60 du code pénal , les autres sont les auteurs du fait principal. Pourquoi donc les douze jurés n'ont-ils pas été traduits à votre barre à côté de M. Morin? Pourquoi ne vient-on pas leur demander raison de leur indulgence et des motifs qui ont dominé leur conscience et entraîné leur conviction ? On ne les poursuit pas; ils ne sont donc pas coupables. Et en effet, quelle question adresseriez-vous à des hommes qui ne doivent compte de leur conduite qu'à eux-mêmes et à la Divinité? Quelle peine prononceriez-vous contre des hommes à qui la loi a donné la toute-puissance d'agir, non pas suivant sa rigueur, mais selon leur propre raison et les inspirations d'un cœur pur et d'une ame vertueuse ? Une telle accusation serait envers le juri une sanglante injure ; vous la repousseriez avec indignation, et par votre décision vous consacreriez, comme une vérité , cette

omnipotence que le juri tient de la loi, et qui n'a d'autre limite que sa conscience et sa vertu? Mais alors vous repousseriez aussi, et vous repousserez en effet l'accusation portée contre Morin, parce qu'il n'a pas commis une action criminelle
lorsqu'il a montré aux jurés l'étendue de leur droit et de leurs
devoirs, et qu'il ne les a pas provoqué à la désobéissance aux
lois lorsqu'il leur a dit de se confier sans crainte en hommes
probes et libres à l'infaillibilité absolue que la loi se plaît à reconnaître dans leur intime conviction.

Voilà, Messieurs, ce que la raison nous dit, et ne croyez
pas que la raison soit en contradiction avec nos codes ; vous
allez être bien surpris en entendant la lecture des dispositions pénales qui sont invoquées aujourd'hui contre M. Morin. La première, est l'article 6 de la loi du 17 mai 1819, qui
qualifie le délit; la seconde, est l'article 3 de la même loi, qui
prononce la peine.

Voici l'article 6 : « La provocation par l'un des mêmes
» moyens *à la désobéissance aux lois* sera également punie des
» peines portées en l'article 3. »

Lisons maintenant l'article 3 : « Quiconque aura, par l'un
» des mêmes moyens, provoqué à commettre un ou plusieurs
» délits *sans que ladite provocation ait été suivie d'aucun effet*,
» sera puni d'un emprisonnement de trois jours à deux an-
» nées, et d'une amende de 30 fr. à 4,000 fr., ou de l'une
» de ces deux peines seulement, selon les circonstances,
» *sauf les cas dans lesquels la loi prononcerait une peine moins*
» *grave contre l'auteur même du délit*, LAQUELLE SERA ALORS
» APPLIQUÉE AU PROVOCATEUR. »

Saisissons bien le principe et l'économie de cette loi.

L'article 6 renvoie purement et simplement à l'article 3 sans
exception d'aucune de ses parties, sans distinction et sans le
scinder ; il se l'approprie dans son entier, il se combine avec
lui ; il faut les lire comme s'ils étaient unis dans une seule
disposition, comme si l'article 3 était introduit tout entier
dans l'article 6. De là, cette conséquence naturelle que la loi
de 1819 ne prévoit pas le cas où la provocation a été suivie
de son effet, et que dans le cas où la provocation est restée
sans résultat, il faut toujours et de toute nécessité rechercher la peine que devrait supporter l'auteur principal du délit, pour la modifier conformément à l'article 3 si elle excède
ses limites, ou pour en faire l'application au provocateur si
elle est moindre que la peine déterminée par cet article 3.
Cette double distinction résulte à la fois des expressions de la
loi, de son esprit, de son ensemble, et surtout de ce principe
incontestable, que le provocateur doit être puni comme
complice.

S'il arrivait qu'un malfaiteur employât la voie de la presse pour provoquer à l'assassinat, au meurtre ou au pillage, et que le crime suivît la provocation, qui donc oserait dire que ce malfaiteur ne dût pas être atteint par l'article 60 du code pénal, et qu'il n'eût mérité que les peines correctionnelles de la loi de 1819 ? Mais si, au contraire, la provocation à la désobéissance aux lois ne devait amener qu'une de ces contraventions punies des peines de simple police, qui donc oserait penser que le provocateur méritât un sort plus rigoureux ? La loi qui lui infligerait un châtiment plus sévère ne serait-elle pas injuste ?

Voyez maintenant les conséquences de ces principes. L'accusation prétend que la provocation de M. Morin est restée sans résultat ; et moi je soutiens qu'elle a été entendue et qu'elle a produit tout son effet ; je soutiens que les charges étaient graves contre les faux-monnayeurs, et que pour les acquitter le juri a été obligé de désobéir à la loi. Je le soutiens, j'en ai le droit, c'est ma défense ; et c'est une question que vous devez nécessairement résoudre avant de qualifier le délit de M. Morin. Ordonnez donc, Messieurs, si vous le pouvez, que la procédure soit mise sous vos yeux ; examinez les dépositions des témoins et interprétez la déclaration du juri ; ou plutôt, ordonnez que les douze jurés comparaîtront à votre barre, non comme témoins, mais comme prévenus ; interrogez leur conduite et leur conviction, et cherchez la loi qui les condamne. S'ils sont coupables et si vous les punissez, Morin doit partager leur sort. Mais, si ce que je propose est impossible, s'il ne vous est pas permis d'interroger la conscience des jurés et de les rechercher pour leur vote, s'ils sont infaillibles aux yeux de la loi, s'ils sont inviolables, rejetez l'accusation, car Morin ne peut-être le complice d'un délit impossible. Ici, Messieurs, rien n'est laissé à l'arbitraire, et il n'est pas de terme moyen ; il faut condamner les jurés ou renvoyer M. Morin de la plainte.

Que si, Messieurs, il était permis à l'accusation de se rendre juge de la pensée des jurés, et de décider qu'il n'y a rien eu de commun entre leur conviction et les conseils de Morin ; s'il lui était permis de fixer elle-même les circonstances ou les suites d'un fait pour lui donner à son gré le caractère de tel ou tel délit, la provocation de M. Morin serait réputée n'avoir été suivie d'aucun effet, et nous rentrerions dans la disposition de l'art. 3 de la loi de 1819. Mais alors j'interrogerais vos consciences et j'oserais vous demander, si la provocation restée sans résultat peut constituer un crime, lorsque la même provocation suivie de son effet n'eût point été criminelle. Quoi ! Messieurs, on accuse Morin d'avoir provoqué les jurés à la désobéissance aux lois ; s'il prouve que ses paroles ont porté leur fruit, que la désobéissance aux lois a été accomplie, aucune peine ne peut l'atteindre, il partage l'impunité des jurés, il est proclamé innocent ; et si au contraire il a prêché dans le désert, si sa voix n'a pas été entendue, si elle n'a été qu'un son impuissant, il faut qu'il courbe sa tête sous la sévérité des lois ! Non, Messieurs, il n'y a pas de telles contradictions dans notre législation pénale ; ce n'est pas là ce que prescrit l'art. 3 ; qu'on veuille bien en relire la dernière partie. Elle vous prescrit de rechercher avant toute chose la peine que vous auriez appliquée à l'auteur du crime, afin de ne point infliger une peine plus grave au provocateur. Comment donc pourriez-vous condamner M. Morin pour fait de provocation, lorsque l'action qu'il a conseillée n'est pas incriminée par la loi, lorsqu'il ne vous serait pas permis d'infliger à son auteur le plus léger châtiment ?

Nous avons souvent parlé de provocation, et nous ne connaissons point encore la définition légale de ce mot. Où la chercher ? Dans la loi de 1819 ? non, mais dans le code pénal; car les journaux ne sont pas hors du droit commun, et si les préjugés ou l'esprit de parti ont pu porter quelques hommes à demander qu'ils fussent soumis à une législation exceptionnelle, si le législateur lui-même leur a souvent imposé d'injustes entraves, cette distinction n'a jamais été ni dans la Charte, ni dans le principe des lois organiques dont elle a été suivie. Je ne veux entrer sur ce point dans aucune discussion, c'est dans l'exposé des motifs de la loi de 1819, prononcé par le garde-des-sceaux dans la séance du 22 mars, que je veux puiser toute ma démonstration.

M⁰ Valois lit ici un passage du discours de M. de Serre, et reprend :

Cherchons donc dans les dispositions du droit commun la définition du mot *provocation*. L'art. 60 du Code pénal que j'ai déjà cité a dit : «Seront punis *comme complices* d'une action
» *qualifiée* crime ou délit ceux qui par *dons, promesses, me-*
» *naces, abus d'autorité ou de pouvoir, machinations ou arti-*
» *fices coupables*, AURONT PROVOQUÉ A CETTE ACTION ou donné des
» instructions pour la commettre. » Vous le voyez ; un conseil, une exhortation, une prière, une vive sollicitation ne suffisent point pour constituer la provocation, la complicité ou la tentative de crime ; il faut quelque chose de plus, il faut que le provocateur ait agi fortement et à l'aide de criminelles manœuvres sur l'esprit des personnes dont il voulait se faire un instrument. M. Morin a-t-il donc offert des présens aux jurés ? Leur a-t-il fait des promesses ou des menaces ? Avait-il sur eux un pouvoir ou une autorité reconnue par la loi ? A-t-il employé des machinations ou des artifices coupables ? Lisez et jugez. Il a dit avec franchise quelle était son opinion sur des questions de droit public, mais cette opinion

lui était permise et il avait le droit de la proclamer. Ses *ma-chinations* ou ses *artifices*, il les a employés à la clarté du jour, sans autre intérêt que celui de la société, sans autre intention que de faire triompher les principes de l'humanité ; ils ont consisté dans l'expression franche et libre d'une doctrine que d'autres avaient pu discuter publiquement avant lui, et que d'autres proclameront encore sans même qu'on pense à les poursuivre. Voilà, Messieurs, toute la provocation qu'on peut lui reprocher ; jugez-la par son intention, jugez-la par son langage, jugez-la par le texte de la loi, et dites si elle est coupable ?

Enfin, pour que la provocation soit réputée criminelle, ne faut-il donc pas une dernière condition rigoureusement nécessaire ? Ne faut-il pas que l'action à laquelle la provocation se rapporte soit elle-même *qualifiée crime ou délit* ? Oui, Messieurs, c'est la loi qui le dit ; c'est l'art. 60 du Code pénal qui l'a expressément déclaré. Mais où donc est la disposition qui a qualifié crime ou délit cette sorte d'infraction, cette sorte de désobéissance que commet un juré en déclarant un accusé *non coupable* d'un fait dont la preuve était rapportée ? Cette disposition je ne la connais pas, elle n'est pas dans nos codes ; elle n'y sera jamais. La provocation adressée par Morin à MM. les jurés n'avait donc pas pour objet une action déclarée coupable et réprimée par la loi ; comment donc la provocation pourrait-elle devenir plus criminelle que l'action elle-même ? Comment peut-on être complice d'un délit impossible ?

L'accusation, Messieurs, vous paraît-elle maintenant assez ridicule ? C'est aujourd'hui, lorsque la presse est libre, lorsque la pensée est affranchie, lorsque la philosophie a pénétré dans nos mœurs et commence à exercer son influence sur la législation, qu'un journaliste peut être poursuivi devant les tribunaux criminels pour avoir combattu l'application de la peine de mort par les mêmes réflexions que dans un autre siècle, en Italie, sous un gouvernement ombrageux et despotique, des écrivains courageux purent librement publier ! C'est aujourd'hui, lorsque la raison nous éclaire, qu'on vient nier ce droit tout-puissant de la justice contre la loi, de la conscience contre les inutiles rigueurs ! C'est aujourd'hui, lorsque les tribunaux savent montrer une si noble indépendance, qu'on vient vous demander des peines et des flétrissures contre un jeune écrivain dont le seul tort fut de suivre les impulsions d'un cœur sensible et de parler le langage de l'humanité !

Et si, Messieurs, je terminais cette défense par la même pensée qui attire sur M. Morin les foudres du ministère public; si je vous disais à mon tour : La législation qui régit la presse a fait plus de mal à la France que la licence des écrivains : elle a retiré les bienfaits de la Charte, elle a excité les méfiances et les craintes, elle a couvert tous les genres d'abus, elle a protégé les fautes, elle a peut-être amnistié des crimes; mais, par une funeste compensation, elle a frappé des hommes de bien dans leur fortune et leur personne ; elle a fait naître le scandale d'injustes procès. La nation est restée trop délicate et trop pure au milieu des cruelles erreurs dont les divers partis lui ont présenté tour à tour les fruits amers, pour qu'elle applaudisse à des lois dont l'application offense ses mœurs et blesse ses principes et sa susceptibilité. Elle ne verra jamais sans douleur des écrivains partager les fers des plus vils scélérats : on ne réprime pas l'élan de la pensée par la captivité et les tortures. Des journalistes siégent au sein des deux chambres, des journalistes siégent peut-être au conseil du roi ; un sentiment de pudeur nous fait sentir que leurs écarts ne doivent pas être réprimés par les mêmes peines dont on atteint les escrocs et les vagabonds. Magistrats, vous ne pouvez abroger une loi flétrie par l'opinion, mais vous pouvez rendre un autre service à la patrie. L'appréciation du délit ne se rencontre pas dans la loi ; elle appartient à vos consciences, et si vos consciences répugnent à l'application de la peine, renfermez-vous dans votre *omnipotence*; car la loi, qui s'en rapporte à votre conviction, vous a rendus tout-puissans pour absoudre. Repoussez donc une accusation qui dans peu de tems paraîtra avoir été d'un autre siècle; refusez l'exécution d'une loi que nos institutions et nos mœurs ont également réprouvée, et par votre jugement, apprenez au pouvoir que sa législation ne convient plus à une nation éclairée dont il n'est plus possible de garotter la pensée ni d'étouffer l'intelligence !

Ce langage, je le tiendrais si l'accusation portée contre Morin avait la moindre apparence de fondement légal ; et vous venez de l'entendre sans vous offenser, sans me reprocher d'avoir méconnu mes droits ni outrepassé mes devoirs ; vous l'avez entendu, et votre délicatesse comme citoyens, votre susceptibilité comme juges, n'en ont point été révoltées; vous ne m'accusez pas dans vos consciences de vous avoir provoqué à la désobéissance aux lois. Ma cause est donc jugée : M. Morin n'a rien fait au-delà de ce que je viens de faire moi-même. Pesez-nous à la même balance, et que votre décision apprenne aux esprits trop ombrageux à mieux respecter les droits sacrés de l'intelligence, ceux de l'humanité, et surtout ceux du pays qui se lasse des injustes poursuites.

www.ingramcontent.com/pod-product-compliance
Lightning Source LLC
Chambersburg PA
CBHW060533200326
41520CB00017B/5220

* 9 7 8 2 0 1 3 5 2 7 5 3 8 *